올바른 성장과 건강한 식생활
어린이 건강동화 시리즈 ❷ (비만 편)

(개정판)

2판 2쇄 인쇄   2022년 1월 10일
2판 2쇄 발행   2022년 1월 20일

지은이 | 조만호
　　　　http://cafe.naver.com/jomanhobooks
　　　　E-mail : manhoooo@hanmail.net
주　소 | 부산 광역시 부산진구 동성로 134
전　화 | 051-805-1237
핸드폰 | 010-6337-9675

그　림 | 김명자
컬　러 | 김명자

펴 낸 이 | 박은숙
펴 낸 곳 | 계백북스
기　획 | 도국명
디자인 | 계백기획
주　소 | 서울시 용산구 한강대로 185(2층)
전　화 | 02-734-2267, 02-736-9914　팩스 | 02-736-9917
등　록 | 2009년 7월 15일 제301-2009-136호

CopyRightⓒ 조만호 2012
ISBN 978-89-97327-20-1

• 이 책은 무단복제 및 무단 전재를 금합니다.
　잘못된 책은 교환해 드립니다.

머리말

올바른 성장과 건강한 식생활

　오늘 우리의 사회는 큰 진통을 겪고 있습니다. 어쩌면 이 진통은 새 시대를 탄생시키려는 마지막 진통인 것 같습니다. 이는 마치 해산에 가까운 여인이 크게 진통을 겪는 것과 같습니다.
　요즘 우리의 문제는 이기주의입니다. 이기주의자는 항상 자기 자신만을 생각하고 삽니다. 생의 목표와 관심도 자기 자신에게만 머물게 됩니다. 그래서 이웃과 담을 쌓고 살아갑니다.

　올바른 성장과 건강한 식생활이 요구되어지는 이유입니다.
　건강한 육체는 강하고 활력 넘치는 삶의 요소이며 원동력입니다.
　삶의 목적과 의지도 강건한 육체를 지니고 있어야 원만하게 이룰 수가 있습니다.
　어렸을 때의 바르지 못한 자세와 잘못된 습관 …

올바른 성장과 건강한 식생활이라는 교훈적인 목적으로 구성된 건강동화 시리즈는, 우리 자녀들이 어릴 때부터 바른 자세를 갖는 습관, 올바른 식생활을 하는 습관, 알코올 중독 및 흡연에 대한 경각심 등 바른 교육을 통해 평생 건강하고 행복하게 살아갈 수 있는 밑거름이 되어 줄 것입니다.

나쁜 자세와 잘못된 식습관, 음주나 흡연 습관이 평생 동안 질병으로부터 고통 받고 삶의 질을 떨어트린다는 사실을 타의에 의한 강요가 아닌 이 책을 읽고 생각하며 아이들 스스로 자각하고 깨닫기를 바랍니다.

그래서 소중한 우리의 아이들이 올바르게 성장하고 건강하고 아름다운 생활을 할 수 있다면 필자는 더 이상 바랄 것이 없습니다. 훗날 건강하게 성장한 우리의 자녀들이 곧 건강한 나라를 만들며 이 나라를 책임지고 이끌어가는 일꾼으로서, 건강한 리더로서 성장하리라 믿습니다.

건강한 꿈이 있는 세상
조만호

책소개 〈비만편〉
뚱보탈출 대작전

현대는 음식 홍수 속에서 살아가고 있습니다. 옛날에는 못 먹어서 병이 온 것이지만 오늘날은 너무 많이 먹어서 병이 되는 세상입니다. 비만은 많이 섭취하는 음식에 비해 운동량이 부족하고 활동량이 적다 보니 영양과잉으로 인하여 발생하게 됩니다. 또한 소아 비만은 성인 비만으로 이어질 확률이 매우 높고, 어릴 적부터 제대로 관리되지 않으면 비만 세포의 증식으로 인하여 평생을 비만으로 살아가야 합니다. 비만 후유증은 실로 무서운 것입니다. 시신경의 손상으로 눈이 잘 보이지 않거나 증상이 심하면 실명되기도 합니다. 또한 신장이 망가져 혈액 투석을 해야 하는 무서운 질병입니다. 이 외에도 혈관 압박으로 고혈압이 발생되기도 하고 감각신경마비도 올 수 있습니다. 그러므로 비만이라는 울타리에 갇혀 있는 우리 아이들을 위험한 질병의 공포에서 벗어나게 할 것입니다. 우리의 소중한 아이들이 이 무서운 질병으로부터 보호받고 건강하게 성장할 수 있도록 부모님들의 각별한 주의와 노력이 필요합니다. 즉 자극적인 인스턴트 음식을 줄이고 가능한 우리나라의 고유 음식과 가정에서 조리한 음식을 섭취할 수 있도록 지도해야 합니다. 자녀들이 아름답고 건강하게 성장할 수 있도록 부모님들이 많은 관심을 기울일 때, 우리의 소중한 자녀들이 무서운 질병인 비만으로부터 자유로울 수 있습니다.

인간을 비롯한 모든 동·식물들은 강한 생명력을 바탕으로 살아가고 있습니다. 모두 다 건강하게 살아가기 위해서는 좋은 환경과 신선한 먹거리가 있어야 합니다. 동·식물들은 물, 공기, 햇빛 및 신선한 먹거리만 있으면 지구라는 울타리 안에서 아무 문제없이 살아갈 수 있습니다. 그러나 오늘날의 현대인들은 과중한 업무와 치열한 경쟁 속에서 극심한 스트레스에 시달리고, 편리함만을 좇고, 지나치게 많은 음식물을 섭취하며 건강을 돌보지 못한 채, 그야말로 정신없이 살아가고 있습니다. 현대인들은 나쁜 자세로 인한 척추질환, 만성 피로로 인한 근육통 및 소화 불량, 두통 등 각종 성인병에 노출되어 힘들게 살아가고 있습니다. 문제는 한창 자라나는 우리 자녀들이 성인 못지않은 스트레스와 각종 질환의 위험성에 노출되어 있다는 것입니다. 대한민국의 부모님들은 우리 아이들이 남들보다 공부는 물론이고 모든 면에서 뛰어나야 한다는 욕심을 가지고 있습니다. 그러다 보니 건강해야 할 우리 아이들이 과도한 경쟁과 과잉 교육열로 인하여 스트레스와 온갖 질병의 위험에서 자유로울 수 없는 것이 현실입니다. 그래서 이 안타까운 현실을 바로 보고 부모님과 아이들에게 정말 중요한 것은 성적이나 등수가 아니라 어릴 적부터의 바른 자세와 건강한 식습관, 올바른 생활 습관 등이 얼마나 중요한 지를 함께 나누고자 이 책을 집필하였습니다.

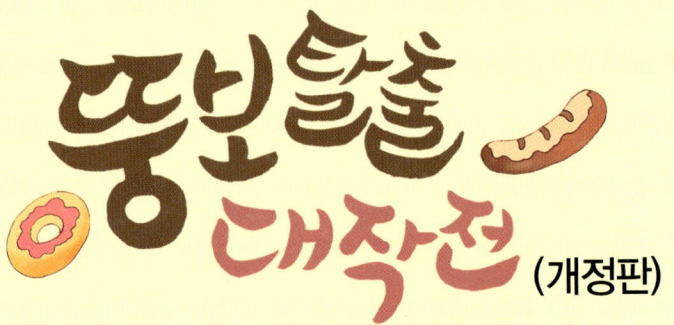

(개정판)

차례

| 머리말 | 올바른 성장과 건강한 식생활 ● 06 |
| 책소개 | 뚱보 탈출 대작전〈비만 편〉● 08 |

뚱보 탈출 대작전

〈제1화〉 내 이름은 최수정! ● 11

〈제2화〉 건강에 나쁜 음식, 건강에 좋은 음식 ● 33

〈제3화〉 선생님은 마법사 ● 49

〈제4화〉 유쾌한 마법여행 ● 71

〈제5화〉 뚱보 탈출 대작전 ● 83

부록 이것만은 바로 알자! ● 93

"너희 편으로 데려가! 쟨 뚱뚱해서 둔하단 말이야!"

"싫어! 너희가 데려가! 최뚱땡이 우리 편으로 오면 우리가 진단 말이야!"

보람 초등학교의 운동장 귀퉁이에서 한 무리의 아이들이 와자지껄 떠들고 있어요.

3학년 5반의 체육시간이었는데 피구 시합을 하기로 했어요. 반 친구들은 모두 31명. 두 팀으로 나누기 위해 가위바위보로 편을 가르는데
한 명이 남게 되었지요.

남은 아이의 이름은 최수정. 학급 아이들 중에서 가장 뚱뚱한 친구예요. 아이들은 자기편에 수정이가 들어오는 것을 반대하며 싫어했어요. 외톨이가 된 수정이는 고개를 숙인 채 울먹이기 시작했어요.

그 때였어요.

"얘들아! 친구들끼리 그러는 거 아니야! 그냥 우리 편 하자, 수정아!"

수정이의 눈에서 눈물이 막 떨어지려고 하는 찰나, 언제나처럼 수정이의 편이 되어 준 것은 민지였지요. 학급의 반장인 민지는 얼굴도 예쁘고 날씬한데다가 공부도 잘해서 아이들한테 인기가 많은 친구예요. 그런 민지가 수정이의 손을 잡아끌자 다른 아이들은 더 이상 아무 말도 하지 못하고 민지의 의견을 따랐어요. 수정이는 자신의 편을 들어준 민지가 너무나도 고마웠어요.

'그래, 민지를 위해서라도 오늘은 열심히 뛰어야지!

공에 맞지 않을 거야.'

 피구 시합이 시작됐어요. 휘익! 휘익! 공은 무서운 속도로 날아다녔고, 수정이는 최선을 다해 점프를 하고 열심히 달렸지요.

 하지만 수정이의 몸은 마음처럼 잘 움직이질 않았어요.

 "아앗!"

 그런데 갑자기 무릎이 아파 왔어요. 그래서 잠시 머뭇거리는 사이에 퍽! 하고 수정이의 등 뒤로 공이 날아와 맞고 말았어요.

 "야, 최뚱땡! 너 딱 걸렸어!"
 "돼지, 너 때문에 또 졌잖아!"

 공에 맞지 않으려고 열심히 뛰고, 요리조리 공을 피해서 마지막까지 남아 있던 수정이가 공에 맞자 같은 편 아이들이 수군거리기 시작했어요.

"그럼 그렇지. 저 몸으로 어떻게 공을 피하겠다고!"

여기저기서 수정이를 탓하는 목소리가 들려왔어요.

"야, 너희들, 그런 말 하지 마! 수정이는 그래도 이겨 보려고 끝까지 혼자 남아서 노력했잖아."
민지의 말에 다시 반 아이들이 조용해졌어요.
"수정아, 일어나 봐. 괜찮아? 다친 데는 없어?"

민지는 바닥에 주저앉아 있는 수정이를 일으켜 주었어요.

"으응. 고마워, 민지야. 그리고 미안해. 나 때문에 또 졌네."
"아니야, 오늘 정말 잘했어. 네가 마지막까지 남았잖아!"
"아…… 고, 고마워."

울음을 터뜨릴 뻔한 수정이는 민지의 도움으로 웃을 수 있었어요.

돼지, 최뚱땡, 뚱보.

아이들은 수정이를 이름 대신 이런 별명으로 불렀어요. 짓궂은 남자아이들은 물론이고 여자아이들까지 수정이를 놀려댔어요. 체육시간처럼 몸을 움직여야 하는 경우에는 더욱 심하게 놀려댔어요.

수정이 자신도 알고 있어요. 정말 살을 빼야 된다는 것을요. 2학년 때는 약간 통통한 정도였는데, 3학년이 되고 나서는 움직이는 것도 둔하고, 무릎이 아플 정도로 살이 쪄서 걱정이 되었어요. 하지만 그런 걱정보다는 맛있는 음식, 좋아하는 음식을 먹는 것이 수정이에게는 더 중요하고 즐거운 일이었지요.

쓸쓸하게 교실로 들어가는 수정이의 손을 민지가 꼭 잡으며 말했어요.

"수정아, 애들이 놀리는 거 맘 아프더라도 신경 쓰지 마."

"민지 넌…… 나처럼 돼지라고 놀림 받아 본 적이 없으니까 그런 말을 할 수 있는 거야."

언제나 자신을 도와주는 민지가 고마운 수정이었지만 마음과는 다른 말을 하고 말았어요. 그러자 민지가 조그만 목소리로 속삭이듯 말했어요.

"으음…… 이건 비밀인데 말이야."
"비밀?"

"응, 나도 2학년 때까지는 뚱뚱했어. 전에 다니던 학교에서 돼지라고 따돌림도 당했었고."

"뭐라고? 민지 네가 뚱뚱했었다고? 정말이야?"
"응, 정말이야. 나중에 더 자세히 이야기해 줄게. 그래서 나도 네 기분 잘 알아. 애들이 놀리는 것도 문제지만, 자신의 건강에도 좋지 않으니까 살은 빼는 게 좋아."
"……그래, 살은 정말 빼야 해."

민지는 3학년 때 전학 온 친구였어요. 하지만 공부도 잘하고, 얼굴도 예쁘고, 성격도 좋아서 친구들과 금세 친해졌고, 2학기 때는 반장을 할 정도로 반에서 인기가 많았어요.

그런 민지가 뚱보, 돼지에 왕따였다니! 수정이는 그 말을 믿을 수가 없었어요. 만약 그게 사실이라면 대체 어떻게 살을 뺀 걸까 궁금했어요.
민지에게 살을 빼겠다고 약속한 수정이는 학교를 마치고 집에 가는 길에 습관처럼 좋아하는 핫도그를 하나 샀어요.

갓 튀겨서 김이 모락모락 나는 게 무척이나 먹음직스러웠어요.

핫도그를 맛있게 먹으며 집에 돌아와 보니 늘 그랬듯이 엄마는 안 계시고 도우미 아줌마가 수정이를 맞아 주셨지요.

수정이네 부모님은 엄마, 아빠 두 분 다 회사에 다니시기 때문에 학교에서 돌아오는 수정이를 맞아 주는 건 언제나 도우미 아줌마였어요.

"학교 다녀왔습니다!"
"수정이 왔구나. 오늘은 핫도그야?"
"헤에, 엄마한텐 비밀이에요! 나 배고파요. 간식 주세요!"

"금방 핫도그 먹고선 또 배가 고파?"

"엄마가 못 먹게 하니까 자꾸 더 먹고 싶어지는 걸요!"

엄마는 틈나는 대로 먹을 것을 찾는 수정이를 말리곤 하셨고, 수정이는 그런 엄마의 잔소리가 너무 듣기 싫었어요.

수정이의 엄마는 날씬하고 얼굴도 예뻐요. 그런 엄마가 가끔 학교에 오는 날이면 아이들은 수정이를 더 놀리곤 했어요. 날씬하고 예쁜 엄마와 뚱뚱한 수정이가 닮지 않았다는 이유 때문이었지요.

"야, 최뚱땡! 솔직히 말해 봐. 너희 엄마 아니지?"
"엄마랑 딸인데 어쩜 저렇게 안 닮을 수가 있어? 우리 누나는 엄마랑 똑같이 생겼는데."
"뚱보 너, 다리 밑에서 주워 온 거 아니야? 하하하!"

뚱뚱하다고 아이들이 놀리는 소리도, 날씬한 엄마가 살을 빼라고 잔소리를 하는 것도 수정이에게는 모두 스트레스였어요. 수정이는 그런 스트레스를 먹는 걸로 풀곤 했어요.

"수정아, 살 빼야지. 그런 거 이제 그만 먹고. 그러다가 뚱뚱하다고 왕따 당할 수도 있어. 옆 동에 사는 미라 알지? 지금 5학년인데 뚱뚱하다고 친구들한테 따돌림을 당한다잖니."

엄마는 수정이가 지금처럼 계속 뚱뚱하다면 학년이 올라가서 왕따를 당할 수도 있다며 수정이에게 살을 빼라고 하셨어요. 그런데 이상하게도 엄마가 군것질을 줄이고 살을 빼라고 하면 할수록 수정인 군것질이 더 하고 싶어졌어요.

그래서 수정이는 엄마가 퇴근하기 전에, 도우미 아줌마랑 둘이 있을 때 먹고 싶은 것을 마음껏 먹자고 생각했어요. 도우미 아줌마는 한두 번은 말리시지만 결국엔 수정이가 먹고 싶은 걸 내주시곤 했기 때문이지요.

"수정아, 오늘은 어떤 간식이 먹고 싶은데?"
"음, 떡볶이랑 군만두요! 떡볶이에 군만두 먹고 싶어요! 해 주세요, 아줌마!"

"에휴…… 그러다 엄마한테 또 야단맞을라."

"헤헤, 들키지 않으면 되는 걸요!"

수정이는 아줌마가 간식을 만드는 동안, 거실 소파에 누워 텔레비전 리모컨을 쥐고 이리저리 채널을 돌렸어요. 그러고는 마음에 드는 방송을 골랐는지 배를 깔고 누워 텔레비전을 보기 시작했어요.

"수정아! 간식 다 됐다. 와서 먹어!"
"아줌마, 여기로 갖다 주세요. 이거 봐야 해요!"

아줌마는 텔레비전 앞에 놓여 있는 테이블로 떡볶이와 군만두를 갖다 주셨어요. 수정이는 누운 자세 그대로 포크를 들고는 군만두를 콕 찍어서 떡볶이 국물을 살짝 묻혀 입 안에 쏘옥 넣었어요.

"이야, 맛있다! 아줌마, 최고에요!"

"아휴, 수정이 정말 걱정이네. 살이 자꾸 쪄서 어떻게 해? 그렇게 게으르게 생활하면 살이 더 안 빠져요."

아줌마의 걱정대로 수정이는 점점 더 게을러졌어요. 예전엔 학교 끝나고 친구들과 뛰어노는 게 좋았는데 살이 찌고 나서부터는 몸이 둔해져서 그런지 조금만 움직여도 금방 지치고 모든 게 귀찮아졌어요.

게다가 무릎이 종종 아파 오곤 해서 더더욱 뛰어놀기가 싫었어요. 어차피 뚱뚱한 자신과 놀아주겠다는 친구도 별로 없을 거라고 수정이는 생각했어요.

그래서 학교가 끝나면 바로 집으로 와 간식을 먹고, 뒹굴 뒹굴 텔레비전을 보거나 컴퓨터 게임을 해요. 그러다가 또 간식을 먹고 군것질을 하면서 게으른 생활이 반복된 거예요. 먹는 양을 줄여 보려고 노력도 해 봤어요.

저녁 한 끼를 굶기도 하였는데, 하늘이 빙빙 돌 정도로 어지럼증을 느껴 금세 살 빼는 걸 포기하고 말았지요.

그렇게 얼마나 시간이 지났을까요.

딩동! 딩동!

　엄마가 오신 게 분명했어요. 시계를 보니 저녁 6시 30분. 수정이는 2시간이 넘게 게임을 했어요. 그리고 키보드 옆에는 부스러기만 남아 있는 과자 상자 세 개가 놓여 있었어요. 수정이는 과자 상자를 급히 휴지통에 구겨 넣은 뒤 거실로 나왔어요.

"엄마, 다녀오셨어요!"
"그래, 우리 수정이 오늘은 간식 안 먹었겠지?"
"응? 으응."

　수정이는 대답을 하면서 아줌마의 눈치를 살폈어요. 아줌마는 수정이의 마음을 알아차리셨는지 수정이를 보며 한쪽 눈을 찡긋 감으시고는 살짝 미소를 지으셨어요.

"수정아, 저녁 먹자!"
"네."

수정이는 엄마와 둘이 식탁 앞에 앉았어요. 된장찌개와 김치, 김, 계란말이, 생선구이 그리고 잡곡밥이 전부였어요.

수정이가 좋아하는 햄이나 소세지는 보이지 않았어요. 게다가 군것질까지 했기 때문에 입맛도 없었어요.

"아빠는 오늘 늦으신다고 전화 왔어. 엄마랑 먼저 먹자."
"응."

할 수 없이 숟가락을 들긴 했지만, 수정이는 별로 먹고 싶지 않았어요.

"수정아, 너 또 군것질했구나?"
"응? 아, 그게 그러니까……."

엄마는 대체 수정이가 군것질한 것을 어떻게 아신 걸까요?

수정이는 가끔 '엄마는 혹시 마법사가 아닐까' 하고 생각할 때가 있어요. 보지 않고도 수정이가 간식을 먹었는지 안 먹었는지를 척척 알아맞히시니 말이에요.

"자, 잘못했어요. 엄마……."

수정이는 뭔가 잘못했을 때, 존댓말이 나오는 버릇이 있

어요. 특히 엄마 몰래 무언가를 먹고 난 후에는 그 증상이 더욱 심해져요.

"밥 먹기 전엔 과자 같은 거 먹지 말랬잖니. 몸에도 안 좋다니까. 그래도 저녁은 먹어야지."
"햄이 없잖아요."

"또 햄? 골고루 먹어야지. 그래야 건강해지고, 살도 빠지는 거야. 저녁상에 올라온 것들은 전부 건강에 좋은 음식들이야. 먹다 보면 맛있어질 거야. 수정이가 좋아하는 피자나 햄버거보다는 입에 안 맞을지 몰라도 몸에는 훨씬 좋은 음식이니까 맛있게 먹도록 해."

"그래도 여기 있는 건 전부 다 내가 싫어하는 반찬들인데……."
"아이고, 우리 수정이 언제 철드나…… 일단 저녁 먹고 엄마랑 이야기 좀 하자."

엄마는 수정이가 너무 걱정됐어요. 엄마, 아빠 모두 직장에 다니는 바람에 학교 끝나고 혼자 집에 있는 수정이가 안쓰러워서 다른 건 몰라도 먹고 싶다는 건 모두 먹게 해 준 것이 몹시 후회됐어요. 그 결과 수정이는 편식만 하는 아이가 되어 버린 거예요.

밥을 다 먹고 식탁을 치운 엄마는 수정이를 불러 마주 보고 앉았어요.

"수정아, 거짓말하지 말고 말해 봐. 오늘 군것질했지? 먹지 말라는 것들도 많이 먹고?"
"네……."

"그런 것들은 몸에 좋지 않다고 말했잖니."
"하지만…… 엄마가 먹지 말라는 것들, 건강에 나쁜 음식이라고 말하는 것들은 다 맛있는 것들뿐이에요. 그렇게 맛있는 음식들이 어떻게 건강에 나쁜 음식이에요? 먹으면 너무 행복하고 맛있는데 그게 왜 나쁜 음식이냐고요?"

수정이는 불만이 가득한 말투로 울먹이며 말했어요.

수정이가 가장 좋아하는 음식들은 건강에 좋지 않은 나쁜 음식이라며 못 먹게 하는 엄마를 수정이는 이해할 수 없었어요.

"수정이 요즘에 무릎 아프다고 했지? 언제 제일 아파?"
"요새 무릎이 자주 아파요. 특히 계단 오르내릴 때랑 뛸 때 아파요. 오늘 체육시간에도 피구를 하는데 무릎이 아파서 울 뻔했어요."

"왜 아픈 거라고 했지?"
"……살이 쪄서요."

"그래, 네 몸에 맞지 않게 체중이 너무 늘어서 그래. 살 빼려면 운동도 중요하지만 먹는 것도 조절을 해야 해. 엄마가 먹지 말라고 한 음식들은 지금 수정이 몸에 안 좋은 음식들이야. 살만 찌고 영양가는 없는 음식들이기 때문이야. 그리고 이렇게 엄마가 차려 주는 밥이나, 학교에서 나오는 급식 같은 것들은 건강에 좋은 음식이야. 영양소가 골고루 들어 있거든."

"그래도……."

"엄마가 계속 이야기해도 안 들으니 어쩔 수 없네. 내일 토요일이니까 엄마랑 아빠랑 같이 지압원에 가자. 내일은 오전 수업만 있는 날이지?"

"네. 근데 지압원은 왜 가는데요?"

"무릎이 자꾸 아프니까 지압원에 가서 치료도 받고, 원장 선생님한테 무릎이 왜 아픈지, 엄마가 나쁘다고 한 음식은 왜 먹으면 안 되는지 자세히 들을 수 있을 거야."

다음날, 수정이가 늦잠 잘 뻔한 걸 아빠가 깨워 주셔서 간신히 일어났어요. 오늘은 토요일이지만 오전에만 수업이 있는 날이에요. 아침 식사를 할 시간도 없어서 엄마가 싸 주신 샌드위치와 우유 그리고 엄마 몰래 과자 두 봉지도 책가방 안에 넣었어요.

하지만 교실에 도착해 시계를 보니 아직 수업을 시작하려면 20분이나 남아 있었어요. 수정이는 자리에 앉아 집에서 싸온 것들을 꺼내 먹기 시작했어요.

"우와, 샌드위치다! 맛있겠다. 나 한 조각만."
"과자도 있네. 나도 주라!"

수정이 주위로 어느새 아이들이 하나 둘씩 모여들었어요. 샌드위치를 먹던 수정이는 잔뜩 얼굴을 찌푸렸어요.

"뭐야! 표정이 왜 그런 거니?"
"주기 싫다는 거겠지! 됐다, 최뚱보! 너 혼자 다 먹고 더 뚱뚱해져라!"
"그게 아니라 아침을 안 먹고 와서……."
"됐다니까!"

아이들이 뒤에서 수군거렸어요. 놀림은 더욱 심해졌고 수정이는 금방이라도 울 것 같은 얼굴로 앉아 있었어요.

"너희들 그만해! 같은 반 친구끼리 놀리면 그게 친구니?"

이번에도 민지였어요. 민지의 말에 아이 하나가 화를 내며 말했어요.

"민지야! 넌, 뚱보 쟤가 얼마나 못된 앤 줄 몰라서 감싸는 거야!"

"수정이가 왜 못된 애야!"

"지금도 봐. 자기밖에 모르잖아. 저렇게 먹을 거 갖고 와서 돼지같이 혼자만 먹는 애야. 그런 애를 왜 감싸 주는 거야?"

"너 최수정이 불쌍해서 그러는 거지? 하여튼 민지는 너무 착해서 탈이라니까."

"그런 거 아니야. 그만 좀 해!"

민지와 아이들의 대화를 듣고 있던 수정이는 도저히 화가 나서 견딜 수가 없었어요.

여태껏 민지가 자신의 편을 들어주었던 이유가 자기를 불쌍하게 생각해서 그런 것이었다니…… 민지만은 진정한 친구라고 생각했는데…….

수정이는 먹던 샌드위치를 내려놓고 자리에서 벌떡 일어났어요. 그러고는 민지를 향해 소리쳤어요.

"야! 이민지! 너야말로 그만해! 앞으로 내 편 들지 마!"

민지가 당황한 표정으로 물었어요.

"수정아, 왜 그래?"
"넌 날 바보로 만들었어! 난 불쌍하지 않다고! 난 바보가 아니란 말이야!"

제3화
선생님은 마법사

수정이는 화가 나서 그대로 교실을 나와 달리기 시작했어요. 아이들이 말하는 것처럼 민지는 수정이를 불쌍하게 생각해서 도와준 것일까요? 수정이는 이런 생각이 들자 너무나 섭섭하고 마음이 아팠어요.

울면서 달리다 보니 어느새 집 앞이었어요. 책가방도 학교에 놔둔 채 나왔기 때문에 그대로 집에 들어가면 분명히 엄마, 아빠는 무슨 일이 있었느냐고 걱정하시며 물으실 게 뻔했어요.

그래서 수정이는 집 앞 벤치로 갔어요. 학교로 다시 돌아가기도 그렇다고 집에 들어가기도 힘들고 곤란한 상황이었어요. 어떻게 해야 하나 잠시 생각하고 있는데, 어떤 발자국 소리가 점점 가깝게 들리기 시작했어요. 고개를 들어보니 민지였어요.

"수정아!"
"민지야, 너 어떻게 여기까지 왔어?"
"아, 숨차다. 너 책가방도 안 가지고 나갔잖아. 이거 받아."
"……."

민지는 수정이의 책가방을 들고 뒤쫓아 온 거였어요. 책가방을 건네준 민지는 수정이 옆에 앉았어요.

"수정아……."
민지가 나지막이 수정이를 불렀어요.
"난 널 불쌍하게 생각해서 그런 게 아니야."
수정이는 아무 말 없이 민지의 이야기를 듣고 있었어요.

"전에 내가 한 말 기억하니? 나도 너처럼 뚱뚱하다며 놀림 받았었다고 한 말."
"……."
"하루에도 몇 번씩 아이들은 날 향해 '돼지, 뚱보괴물' 이라며 놀려댔어. 처음엔 놀리는 정도였는데, 시간이 갈수록 더 심해졌지."

수정이는 가만히 민지의 옆모습을 바라봤어요. 그때의

기억이 떠올랐는지 민지의 눈가가 촉촉해졌어요.

"아이들은 날 뚱보, 돼지라고 놀렸고 우리들은 더 이상 친구가 아니었어."

수정이네 학교로 전학을 오기 전 민지는 전에 다니던 학교에서 따돌림을 당했어요. 단지 뚱뚱하다는 이유로 말이에요.

반 친구들은 물론이고 학교 전체에서 민지를 보기만 하면 인간돼지라느니, 뚱땡이라며 놀리기 일쑤였고 가장 친했던 친구마저 민지를 모른 척하기 시작했대요.

'미안해, 민지야. 너랑 가까이 있으면 아이들이 돼지 키우냐면서 나도 놀려대니까…… 어쩔 수가 없어. 정말 미안해.'라며 단짝이었던 친구까지 돌아섰고 민지는 너무나 슬펐대요.

그리고 결심했대요. 반드시 살을 빼서 모두에게 보여 주겠다고…… 진짜 민지를 말이에요.

"그때부터 난 정말 열심히 운동도 하고, 먹는 습관도 고치면서 조금씩 살을 빼기 시작했어. 살을 빼는 데는 정말 많은 노력이 필요했어. 너무 힘들어서 그만둘까 생각하기도 했지만, 뚱뚱하다는 이유로 더는 같은 반 친구들에게 놀림을 당하고 싶지 않았어."

민지가 웃으며 수정이를 바라봤어요.

"그리고 이렇게 살을 빼고 이 학교로 전학을 오게 된 거야."
"거짓말이…… 아니었구나."
"난 널 불쌍하다고 생각하지 않아. 예전의 나를 보는 것 같아서 도와주고 싶었어. 진심으로 말이야. 그러니까 화 풀어, 수정아."
"미안해, 민지야. 날 불쌍하게 생각해서 내 편을 들어주는 거라고 생각했어. 정말 미안해……."
"괜찮아. 우린 친구잖아."

민지가 수정이의 눈물을 닦아 주었어요.

"나도 너처럼 살을 뺄 수 있을까? 넌 어떻게 살을 뺀 거야?"
"그럼, 나도 했는걸! 나쁜 습관을 버리면 너도 살을 뺄 수 있어. 나도 도울 수 있는 건 도와줄게."
"응! 고마워, 민지야."

민지는 수정이의 손을 꼭 잡았어요. 민지처럼 날씬해질 수 있다는 생각에 수정인 기분이 좋아졌어요.

"이제 어떻게 할 거야? 집에 들어갈 거야?"
"아니, 학교에 갈래. 히힛."
"그래, 지각하겠다. 학교까지 뛰어가자!"
"응!"

수정이는 민지와 손을 잡고 학교를 향해 함께 뛰었어요. 그리고 교실에 도착해서 아무 일도 없었다는 듯 열심히 수업을 받았어요.

수업이 끝난 후 수정이는 엄마, 아빠와 함께 지압원에 갔어요. 차에서 내린 수정이네 가족은 '약손 지압원'이라는 간판이 보이는 건물로 들어갔어요.

"조만호 원장 선생님, 안녕하세요? 어제 전화 예약했던 수정이네입니다."
"아, 네. 안녕하세요? 네가 수정이구나, 최수정!"
"안녕하세요?"

원장 선생님은 수정이를 반갑게 맞아 주셨어요. 할아버지도 아닌데 지팡이를 들고 있는 모습이 조금 이상하긴 했지만 한편으론 재미있게 느껴졌어요. 지팡이의 모양이 너무 웃겼기 때문이에요. 동화에서나 나올 법한 마법사의 마법지팡이 같았거든요. 수정이가 그런 생각을 하며 혼자 재미있어 하는 동안, 엄마와 아빠는 원장 선생님과 이야기를 나누셨어요.

"수정이가 요즘 무릎이 많이 아프다고 해서요. 전에는 안 그랬는데 요새 들어 부쩍 그러네요. 전보다 살이 많이 쪄서 그런 것 같아요. 그래서 음식을 조절해 보려고 했지

만 도통 말을 안 듣네요."

엄마의 설명을 들은 원장 선생님이 수정이를 향해 물으셨어요.

"수정아, 살 빼라고 하는 게 싫으니?"
"네. 좋아하는 것들을 못 먹게 되잖아요. 그래서 싫어요."
"그런데 수정아, 그거보다 더 중요한 게 있잖아."
"중요한 거요?"
"엄마, 아빠는 수정이 예뻐지라고 살 빼라는 게 아니야. 수정이처럼 어릴 때 비만이 되면 여러 가지 안 좋은 병에 걸릴 수가 있어요. 그건 알고 있니?"

"병이요? 비만?"
"그래, 정상적인 몸무게보다 너무 많이 나가는 걸 비만이라고 한단다. 흔히 뚱뚱하다고 말하지."
수정이는 깜짝 놀라고 말았어요. 비만이라는 말도 그렇고, 그것 때문에 다른 병에 걸릴 수도 있다고 하니 무섭기까지 했어요.

"수정이 부모님도 함께 잘 들어주세요. 수정이처럼 어린 나이에 비만이 되면 여러 가지 면에서 좋지 않다는 건 아실 거예요."

"네. 수정이처럼 무릎이 아프거나 몸이 둔해지고, 뭐 그런 거 아닌가요?"

"수정이 어머니 말씀이 맞아요. 하지만 그것 말고도 여러 가지가 더 있어요. 먼저 변비에 걸릴 수 있고, 소아 비만이 계속되면 심할 경우 소아 당뇨에 걸릴 수도 있어요. 한창 자라는 나이인데 성장에까지 좋지 않은 영향을 미치게 되지요."

"소아 당뇨요?"
"네, 성인 당뇨도 위험하지만 소아 당뇨도 마찬가지에요. 비만이 되면 체지방이 늘어나는데, 이 체지방이 당뇨와 연관이 있는 거지요. 거기다가 체지방은 성장 호르몬이

나오는 것도 방해해서 성장판이 일찍 닫혀 버리게 돼요. 그렇게 되면 더 이상 키가 안 크게 되는 거지요."

"네에? 그럼 전 이제 키도 안 크는 거예요? 그리고 아픈 거예요? 으앙! 어떡하면 좋아!"

수정이는 원장 선생님의 이야기를 다 이해할 수는 없었지만 살찌는 게 좋지 않은 것만은 분명했어요. 다른 병에도 걸리게 되고, 키도 안 크게 된다니까 덜컥 겁이 났어요.

"수정아, 뚝! 지금 당장 그렇게 된다는 게 아니란다. 하지만 계속해서 엄마, 아빠 말씀 안 듣고 선생님이 지금부터 이야기하는 대로 하지 않는다면 키도 크지 않고, 나쁜 병에 걸릴 수도 있어요."

눈물이 그렁그렁 맺힌 수정이가 원장 선생님을 빤히 바라보았어요.
지압원에 다녀온 후부터 수정이는 조금씩 달라졌어요. 다른 때 같으면 집에 오자마자 간식부터 먹겠다고 했을 텐데 오늘은 아니었어요.

핫도그나 초코 과자처럼 달콤하진 않았지만, 엄마가 차려 주시는 저녁밥도 잘 먹었어요.

"우리 수정이가 오늘은 반찬 투정도 안 하고, 잡곡밥도 잘 먹네. 기특하다, 우리 딸."
"헤헤헤."

엄마, 아빠에겐 그런 수정이가 대견해 보였어요. 반찬 투정 없이 저녁을 먹은 수정인 좋아하는 만화 영화를 잠깐 본 후 일찍 잠자리에 들었어요. 자주 먹던 야식도 먹지 않고, 과자도 먹지 않은 채 말이에요. 이상하게도 금방 잠이 들어 버린 수정이었어요.

"아, 다른 때보다 덜 먹었더니 배고파…… 흐응, 그런데 여긴 어디지? 눈부셔!"

태양처럼 밝은 빛에 수정이는 이마를 찡그렸어요.

그러고는 주위를 두리번거렸어요. 분명 자기 방 침대에서 잠이 들었는데, 이곳은 처음 보는 곳이었어요. 세상은 온통 알록달록 화려한 빛깔로 가득했고 뱅글뱅글 돌아가는 회오리가 구름처럼 수를 놓고 있었어요.

"여, 여긴 어디지?"

느릿느릿, 뱅글뱅글 돌아가는 회오리 앞에 수정이 혼자 덩그러니 서 있었어요. 그 때였어요.

또각, 또각! 톡, 톡!

뱅글뱅글 돌아가는 회오리 안에서 이상한 소리가 났어요. 수정이는 가만히 회오리 안을 들여다보았어요. 희미하게 사람의 그림자가 보였어요. 소리도 점점 가까워졌어요.

또각, 또각! 톡, 톡, 톡!
"안녕? 수정아!"
"앗! 지압원 원장 선생님이시다!"

"허허, 반갑구나."

그 소리는 바로 조만호 원장 선생님과 이상하게 생긴 지팡이가 낸 소리였어요. 동화 속에서 등장하는 마법사들이 들고 다니는 그 마법지팡이도 들고 계신 게 아니겠어요? 그런데 그 지팡이의 머리 부분이 움직이기 시작했어요.
"헉! 선생님, 지팡이가 움직여요!"
"아, 이 녀석 말이구나. 용용아, 인사하려무나. 아까 낮에 봤지?"

스르륵! 오른쪽, 왼쪽으로 움직이던 지팡이 머리가 고개를 들자 귀여운 용의 모습을 하고 있었어요. 늘 무섭게만 생각했던 용이 이렇게 귀여울 줄은 생각도 못했어요.
"냐암, 잘 잤다! 선생님, 또 남의 꿈속으로 여행을 오신 건가요?"

그 말에 수정이가 놀란 표정으로 선생님을 바라봤어요.

"여기가 제 꿈속이라고요?"

"그렇단다. 자, 용용아. 수정이랑 인사하거라."
"네, 선생님. 안녕, 수정아! 난 용용이라고 해. 만나서 반가워. 네 꿈속에 맘대로 들어와서 미안."
용용이. 움직이는 마법지팡이의 이름은 용용이었어요. 귀여운 이름만큼이나 귀여운 표정으로 윙크까지 하는 용용이를 보자 수정이는 어느새 기분이 좋아졌어요.

"나도 반가워. 그런데 왜 내 꿈속에 들어온 거야?"
"선생님이 설명해 주실 거야. 난 선생님이 가는 곳이라면 어디든 따라 다니는 용용이!"

"용용이 말이 맞아요. 허허허! 맘대로 수정이 꿈속에 들어온 건 미안하지만 꼭 알려 주고 싶고, 보여 주고 싶은 것들이 있어서 이렇게 찾아왔단다."
원장 선생님은 용용이를 번쩍 들며 외쳤어요.

"자, 그럼 여행을 떠나 볼까? 용용아, 문을 열어라!"

"네, 선생님!"

　원장 선생님은 용용이를 바닥에 '탁탁' 하고 두 번 내리치셨어요. 그러자 용용이의 두 눈에서 강하고 밝은 불빛이 쏟아져 나왔어요. 그리고 용용이의 입이 쩍 벌어지더니 입에서 거대한 불덩이가 내뿜어졌어요.

　불덩이는 이내 날아가 뱅글뱅글 돌던 회오리에 커다란 구멍을 냈어요.

"자, 들어가자! 수정아, 내 손을 꼭 잡으렴!"

수정이는 선생님의 손을 꼭 잡고 용용이가 만든 커다랗고 검은 구멍 속으로 발을 내디뎠어요.

그 구멍 속으로 들어간 순간, 빛이 번쩍 하더니 수정이의 방과는 전혀 다른 곳이 나왔어요.

"여긴…… 어디에요?"
"소아 당뇨라는 병에 대해 이야기한 것 기억하니?"
"네. 저처럼 살이 계속 찌면 나중에 그 병에 걸릴 수도 있다고 하셨죠?"
"그렇단다. 수정아, 저기 저 아이 보이니?"

선생님이 가리키고 있는 곳에 남자아이가 보였어요.

"네, 보여요. 저 아이도 우릴 볼 수 있나요?"
"아니, 그 아인 우릴 못 봐. 우린 시간과 공간을 이동해서 왔기 때문에 저 아인 우릴 볼 수 없단다. 저 아이를 자

세히 살펴보렴. 현우라는 아이란다. 열 살, 수정이 너와 같은 나이지."

 현우는 굉장히 기운이 없어 보였어요. 그리고 심하다 싶을 정도로 물을 많이 마셨어요. 그러고는 현우의 배에 작은 주사 같은 것을 놓았어요.

 현우의 배에 그것도 현우 혼자서 말이에요. 수정인 너무 놀라서 소리를 지를 뻔했어요.

"서, 선생님, 현우는 지금 뭐 하는 거예요?"
"당뇨병에 걸리면 저렇게 매일 주사를 맞아야 한단다."
"한 번 맞는 주사도 아픈데 어떻게 매일 주사를 맞아요? 굉장히 힘들어 보여요."
"그래, 소아 당뇨에 걸리면 현우처럼 힘들어진단다."

"주사는 너무 무서워요……."

"하지만 어쩔 수 없단다. 저 주사를 맞지 않으면 더 위험

해지거든. 자, 다음 친구를 만나러 가 볼까? 용용아, 부탁한다!"

"네, 선생님!"

수정이와 원장님은 또다시 검고 커다란 구멍으로 들어갔어요. 그리고 순식간에 다른 장소로 이동을 했지요.

"앗! 저 아이는!"

"알아보겠니?"

"내 친구 민지예요. 앗! 민지가 뚱뚱하네. 그럼 이건 1년 전 민지의 모습인가요?"

"그렇단다. 아까도 말했지만 용용이는 시간과 공간을 마음대로 열어 준단다. 지금 보이는 민지는 1년 전의 민지지."

1년 전의 민지는 지금의 수정이처럼 살찌는 음식, 건강에 좋지 않은 음식들만 좋아하는 아이였어요. 게으른 것까지 수정이랑 똑같았어요.

계단을 내려가던 민지가 '아앗!' 하는 소리를 내며 다리를 삐끗하는 모습이 보였어요. 수정이처럼 무릎이 아픈 듯 무릎을 감싸고 있는 모습이었어요.

"선생님! 민지도 저처럼 살이 쪄서 무릎이 아픈 거예요?"
"그래, 보시다시피 살이 너무 쪄서 무릎에 무리를 주고 있단다."

선생님이 지팡이로 바닥을 '탁탁' 하고 두 번 치자 장소가 또 바뀌었어요.
"이민지! 이 돼지! 이 뚱땡아!"
"돼지야, 나 잡아봐라! 메롱!"
"아영아, 너 돼지 키우냐? 으하하하! 왜 돼지랑 같이 다녀?"

아이들이 민지를 놀리는 모습이 보였어요. 민지가 말했던 가장 친한 친구가 바로 아영이라는 아이였어요.

"민지야, 미안. 이제 나 너랑 안 놀 거야. 애들이 자꾸 놀려. 네가 너무 뚱뚱해서 나까지 놀림 받고 있어. 그게 너무 싫어."

아영이는 민지에게 더 이상 친구가 되어 줄 수 없다고 말했어요. 민지는 충격이 컸는지 아영이 앞에서 아무 말도 못한 채 눈물만 흘리고 있었어요.

어느새 또 장소가 바뀌었어요. 이번엔 민지가 열심히 운동을 하는 게 보였어요. 뚱뚱한 몸으로 있는 힘껏 달리기를 하는 모습, 줄넘기를 하는 모습, 그리고 땀을 뻘뻘 흘리면서 자전거를 타는 모습이 보였어요. 조금씩 조금씩 살이 빠지는 모습도 보였어요.

민지네 집 식탁도 보였어요. 민지의 밥상은 수정이네 엄마가 차려 주시는 밥상처럼 수정이가 싫어하는 음식들로 가득했어요. 하지만 민지는 맛있게 밥을 먹고 있어요. 잡곡밥에 나물 반찬을 맛있게 먹는 민지의 모습이 대견해 보이기까지 했어요.

과자, 피자, 아이스크림, 핫도그, 초콜릿, 콜라 같은 살이 많이 찌고 건강에 해로운 음식들 앞에서 먹고 싶지만 꾹 참는 민지도 보았어요. 그리고 마지막으로 수정이가 지켜본 민지의 모습은 지금과 똑같은 활발하고 날씬하고 건강한 예쁜 민지의 모습이었어요.

"아, 저렇게 노력했구나. 민지는 정말 대단해요, 선생님!"

수정이는 진심으로 민지가 대단하다고 생각했어요. 그리고 그런 민지가 자랑스럽기까지 했어요.

"민지만 대단한 게 아니야. 수정이 너도 민지처럼 될 수 있단다. 1년 전만 해도 민지는 수정이처럼 뚱뚱했잖니. 하지만 운동도 열심히 하고, 몸에 좋은 음식들을 먹고, 건강에 나쁜 음식들을 멀리 했더니 날씬하고 건강해졌잖아. 수정이도 얼마든지 할 수 있어."

"네, 저 정말 열심히 노력해서 꼭 살을 뺄 거예요. 민지도 도와준다고 했어요!"

"그래. 이젠 나랑 용용이가 왜 수정이 꿈속에 잠시 여행을 왔는지 알겠지?"
"네! 저에게 희망과 용기를 주시려고 오신 거죠? 그치, 용용아?"

선생님께서 환하게 웃으셨어요.

"나 꼭 살 뺄 거야. 약속할게, 용용아."
"그래, 그래. 용용!"

용용이는 윙크를 하며 고개를 끄덕여 주었어요. 여태까지 살을 빼는 것, 운동을 하는 것, 좋아하는 음식을 참는 것 등 이런 일들은 절대로 할 수 없는 어려운 일이라고 생각했던 수정이었어요.

하지만 원장 선생님과 용용이와 함께한 꿈속 여행에서 수정이는 용기를 얻었어요.

"자, 이제 여행을 끝낼 시간이란다. 오늘 배우고 느낀 건

절대 잊지 말고, 결심한 건 바로 실천에 옮기도록! 알았지? 선생님이랑 용용이는 또 다른 어린이의 꿈속으로 여행을 떠나야 하거든. 그럼 수정아, 안녕! 자, 용용아 부탁한다!"

"앗, 선생님! 벌써 가시는 거예요?"

탁탁! 눈 깜짝할 사이에 다시 커다란 구멍이 열리고 선생님은 수정이의 손을 잡고 그 구멍 안으로 들어갔어요. 번쩍! 번쩍! 너무나 환하고 밝은 빛에 수정이는 눈을 떴어요.

제5화
뚱보 탈출 대작전

"으음…… 선생님, 여긴 또 어딘가요? 선생님!"
"아이고, 우리 수정이 꿈 꿨니? 여기 집이잖아, 우리 집. 아빠도 못 알아봐?"
"아빠!"

수정이는 그제야 꿈속 여행이 정말 끝나 버렸다는 걸 알게 됐어요. 귀여운 용용이와 마법사처럼 신비한 원장 선생님이랑 더 함께 있고 싶었지만 아쉬움보다는 살을 빼겠다는 결심이 더 컸어요.

"아빠, 나 살 뺄 거예요. 좋아하는 간식들이랑 과자, 이런 것도 이젠 진짜 안 먹을 거예요!"
"응? 정말? 갑자기 왜 그런 생각을 했어? 과자 못 먹게 하면 투정 부렸잖아."

"응, 용용이랑 약속했어. 꼭 살 빼고 건강해지겠다고!"
"용용이? 그게 누구야?"

"히힛, 있어, 내 친구. 아, 배고프다! 엄마, 밥 주세요!"

아침 식탁 위에는 역시나 수정이가 싫어하는 반찬들과 몸에 좋은 음식들로 가득했어요. 하지만 수정이는 짜증 내지 않고 불평도 없이 맛있게 밥을 먹었어요.

"우리 수정이가 지압원에 다녀오더니 너무 변했죠, 여보?"
엄마, 아빠가 웃는 얼굴로 수정이를 바라보셨어요.

"엄마, 오늘부터 '최수정의 뚱보 탈출 대작전!' 이 시작된 거야. 애들이 날 뚱보라고 못 부르게 살 뺄 거야! 꼭!"

수정이는 민지에게도 부끄럽지 않은 친구가 되겠다고 다짐했어요.

"뚱뚱한 게 나쁘다는 게 아니야. 우리 딸 건강을 위해서 조금만 살을 빼라는 거지. 그러니까 너무 무리하지 마. 알았지?"
"네!"
"아빠도 도와줄게. 운동은 아빠랑 같이 하자."
"헤헤헤, 네!"

아침마다 밥을 안 먹겠다며 엄마와 옥신각신하던 수정이의 모습은 이제 더 이상 볼 수 없었어요. 수정이네 가족은 모처럼 만에 평화롭고 행복한 아침을 맞았어요.

그리고 다음 날, 수정이는 콧노래를 부르며 학교로 향했어요.

교실 문을 열고 들어가는 순간, 늘 자신을 놀리던 같은 반 남자아이가 수정이를 놀리기 시작했어요.

"어이, 뚱땡이! 최뚱땡, 돼지 안녕!"
"야! 너 친구한테 그게 뭐 하는 짓이야!"

어느새 나타난 민지가 화난 얼굴로 쏘아붙였어요. 수정이는 꿈속 여행에서 보았던 민지가 떠올라 더 반갑고 기뻤어요.

"괜찮아, 민지야. 나 이제 살 뺄 거야. 그래서 모델이 될 거야."

"모델?"

"응. 내 꿈이 모델이 되는 거거든! 하지만 가장 중요한 건 민지 너도 그랬잖아, 건강해지려면 살을 빼야 한다고."

"우헤헤헤! 최뚱땡이가 살을 빼?
모델이 된다고? 푸하하하! 정말 웃긴다!"

"실컷 웃어라! 머지않아 그 웃음이 쏙 들어가게 될 거다, 흥!"
"이야, 수정이 너 오늘 진짜 멋지다!"
"헤헤, 고마워, 민지야!"

"쳇, 놀려도 울지 않고 화도 안 내니까 재미없잖아."
매일같이 놀려대던 아이들도 수정이가 반응이 없자 투덜거리며 자기 자리로 돌아갔어요.

"수정아, 학교 끝나고 우리 같이 운동장 뛸까?"
"응? 정말?"
"응, 수정이 너한테 조금이라도 도움이 되고 싶어."
"나야 고맙지. 그럼 당장 오늘부터 시작할까?"

 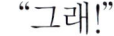

"그래!"
그렇게 수정이와 민지의 운동장 달리기가 시작되었어요.

두 아이는 나란히 서서 느리지도 않고, 빠르지도 않은 속도로 운동장을 돌았어요. 두 사람의 이마엔 송골송골 땀방울이 맺혔지만, 둘은 힘든 표정 대신 밝고 환한 표정이었어요. 그리고 두 사람의 달리기는 꾸준히 계속 되었어요.

하루, 이틀 그리고 한 달, 두 달.

시간이 지나면서 수정이는 조금씩 날씬하고 건강해졌어요. 아침에는 일찍 일어나서 아빠와 조깅을 했고, 엄마가 말씀해 주신 건강에 해로운 음식 대신 건강에 좋은 음식으로 식사를 했어요. 그리고 학교 수업이 끝나면 민지와 운동장을 뛰었어요.

모델처럼 날씬한 몸이 되려면 아직 멀었지만 그래도 수정이는 포기하지 않고 열심히 노력할 거예요. 왜냐고요? 수정이는 꿈이 있으니까요.

앗!
그리고 용용이랑도 약속했잖아요!

소아 당뇨

　소아 당뇨란 어린이에게 생기는 당뇨병이에요.

　성장기에 있는 어린이들에게 나타나는데 성장 장애, 손가락 관절 장애, 뇌파 이상 등이 나타날 수 있는 병이에요.

　이 병에 걸리지 않는 가장 좋은 방법은 건강한 몸을 만드는 거예요!

　편식하지 않고 무엇이든지 골고루 잘 먹고, 변비 없이 대변도 잘 보고, 힘차게 뛰어놀 수 있는 것이 바로 건강한 몸이지요.

비만이 성장에 미치는 영향

　성장기에 있는 어린이들의 몸속에는 '성장 호르몬'이라는 것이 흐르고 있어요. 이 성장 호르몬은 키가 크는 데에 아주 중요한 역할을 하는 요소에요. 성장 호르몬은 몸속의 지방을 활활 태워 주는 역할을 해요. 뚱뚱한 어린이의 경우엔 몸속에 '체지방'이라는 것이 마구 늘어나요. 이 체지방이란 녀석은 '성장 호르몬'이 나오는 걸 방해해요. 그렇게 되면 당연히 키가 크는 데에도 문제가 생기지요. '성장판'이라는 것이 일찍 닫히게 되는 거예요. 한마디로 말해서 더 이상 키가 자라지 않게 된다는 거예요.

　그리고 지방을 태우질 못하게 되니까 지방이 넘치게 돼요. 이렇게 넘치는 지방은 '성조숙증'이라는 증상으로 나타나요. '성조숙증'이라는 건 쉽게 말해서 너무 빨리 몸만 어른이 되는 거예요. 또한 지방 분해를 잘 못하게 되면 더 뚱뚱해지고, 뚱뚱해지면 스트레스로 인해서 기운도 없고, 우울해지게 되지요. 수정이가 그랬던 것처럼요.

 더 키가 크고 싶다면 수정이가 결심한 것처럼 군것질 대신 엄마가 차려 주시는 밥을 먹고 운동을 열심히 해서 살을 빼는 게 가장 좋은 방법이에요.

음식 속 숨겨진 열량

　수정이가 좋아하는 음식들을 엄마는 왜 나쁜 음식이라고 했을까요? 맛은 있지만 몸에 좋지 않고, 열량이 엄청 높아서 쉽게 살이 찌도록 하기 때문에 '나쁜 음식', '해로운 음식'이라고 하는 거예요. 어린이 여러분에게 하루 동안 필요한 열량은 대략 1800~2200Kcal(칼로리) 사이에요. 하루 필요 열량의 범위 안에서 세 끼 식사를 하는 것이 건강에 좋아요. 아무 생각 없이 먹었던 맛있는 음식들의 열량이 얼마나 높은지 알아볼까요? 참고로 여러분이 매일 먹는 밥 한 공기가 약 300Kcal에요.

내가 먹는 음식의 칼로리는?

피자 1조각
250Kcal

햄버거
400Kcal

치즈 스파게티
585Kcal

볶음밥
720Kcal

오므라이스
520Kcal

라면
550Kcal

치킨 1조각
210Kcal

군만두 1개
60Kcal

김밥 1줄
475Kcal

내가 먹는 음식의 칼로리는?

짜장면
670Kcal

생크림 케이크
1조각 244Kcal

초콜릿 케이크
1조각 437Kcal

핫도그
280Kcal

떡볶이 한 접시
225Kcal

감자튀김 1봉지
450Kcal

콜라 1잔
100Kcal

똥을 보면 건강을 알 수 있어요

'똥'이라고 하면 더럽다는 생각만 하나요? 하지만 똥의 상태만 봐도 여러분 몸의 건강 상태를 알 수 있어요! 신기하죠? 변을 본 후엔 물을 내리기 전에 한 번씩 확인해 보세요!

황금색에 가까운 갈색에 바나나 같은 모양을 한 똥
'건강하다는 증거예요! 기분 좋게 한 번에 쏘옥 떨어지는 바나나 똥이에요!

어두운 갈색의 뱀 모양의 똥
냄새가 조금 날 거예요. 뱀처럼 가는 모양을 한 똥이 나오면 채소와 과일을 많이 먹도록 하세요!

붉은 갈색의 구슬 모양의 똥

 냄새가 아주 심하고 단단한 똥이에요. 구슬처럼 똑똑 떨어져서 일명 '토끼똥'이라고 부르는 똥이에요. 변비가 될 수도 있다는 신호에요. 물을 많이 마시고, 과일과 채소를 충분히 먹어요.

물렁물렁 크림같은 똥

 단단하지 않고 크림처럼 몽글몽글 물렁물렁한 똥이에요. 대장에서 수분을 잘 흡수하지 못하는 거예요. 몸을 따뜻하게 해 주고 잠도 많이 자고, 편하게 쉬는 것이 좋아요!